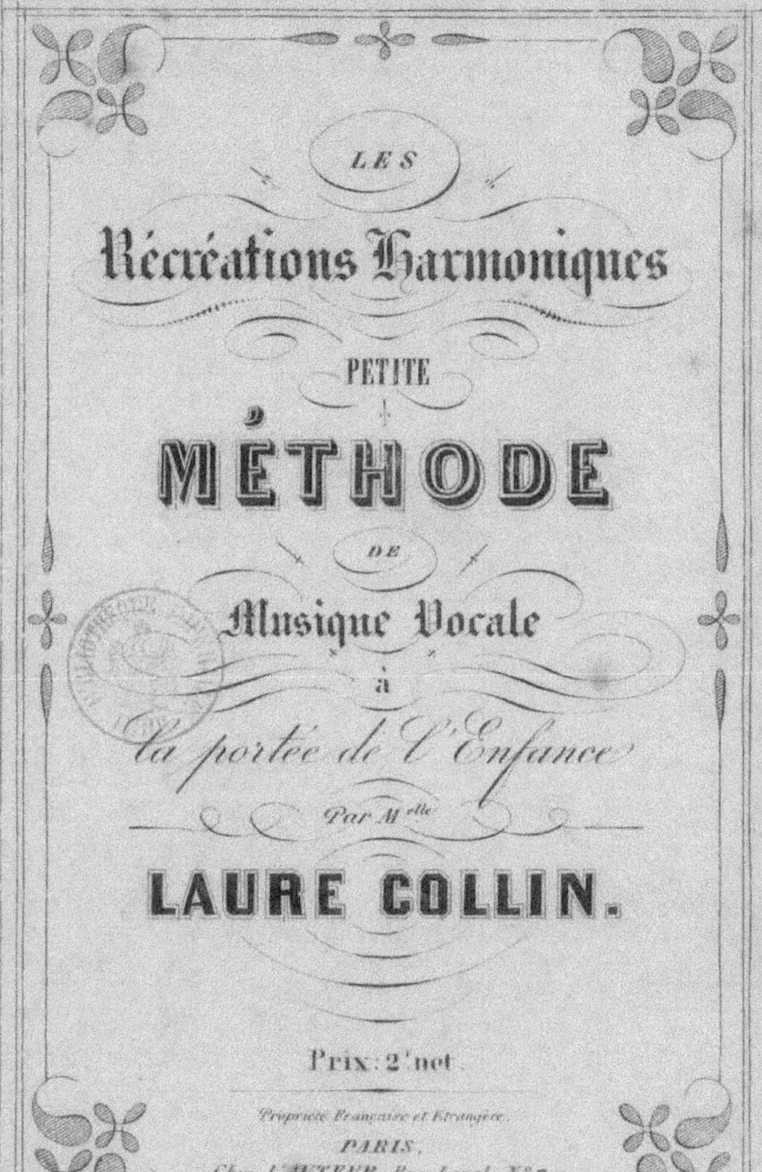
LES
Récréations Harmoniques
PETITE
MÉTHODE
DE
Musique Vocale
à
la portée de l'Enfance
Par M.elle
LAURE COLLIN.
Prix: 2.f net.
Propriété Française et Etrangère.
PARIS,
Chez l'AUTEUR, Rue Laval N.º 7.

PETITE MÉTHODE DE MUSIQUE VOCALE

à la portée de l'Enfance

par M⁰ˡˡᵉ LAURE COLLIN.

Mon but a été de trouver une méthode de musique vocale simple facile, et *non rebutante*, qui fût à la portée, non seulement des enfants qui ont tout le temps de l'apprendre, mais encore des personnes qui doivent la leur enseigner, et qui n'ont que quelques semaines pour s'y préparer; j'ai cherché en outre à mettre cette méthode en rapport avec le système général d'ensei-gnement *purement préparatoire*, adopté dans les salles d'asile.

Je l'ai divisée en trois parties formant un *tout complet*; j'ai réuni dans la première tout ce qui tient à *l'intonation*, à la *notation*, à la *mesure*; la seconde comprend l'étude du *choral*, ou les exercices des trois accords, avec leur transposition dans les tonalités les plus simples. Je n'ai pas pensé qu'il fallût parler d'accords dissonnants et de modulation à des enfants aussi jeunes que ceux à qui je m'adresse.

Dans les salles d'asile où des obstacles insurmontables, provenant soit des enfants, soit des directrices, rendraient cette seconde partie d'une appli-cation trop difficile, on pourrait se borner à faire chanter les gammes et les arpèges ainsi qu'ils y sont écrits, et l'on passerait de suite à l'étude des petits morceaux contenus dans la troisième partie, lesquels sont empruntés aux recueils de chants en usage dans les salles d'asile, et que j'ai simplement harmonisés à deux voix, afin d'obliger du moins les enfants à les chanter *juste* et sans en altérer le rhythme, ainsi qu'il arrive le plus souvent.

PREMIÈRE PARTIE.

PREMIÈRE LEÇON.

J'examine séparément chaque élève pour m'assurer de la justesse des voix, et procéder au classement des parties. Je fais cet examen au moyen de la gamme naturelle que les enfants doivent monter en nommant les notes après moi.

Je trace une *portée* sur le tableau noir pour leur enseigner en même temps la place qu'occupe chaque son.

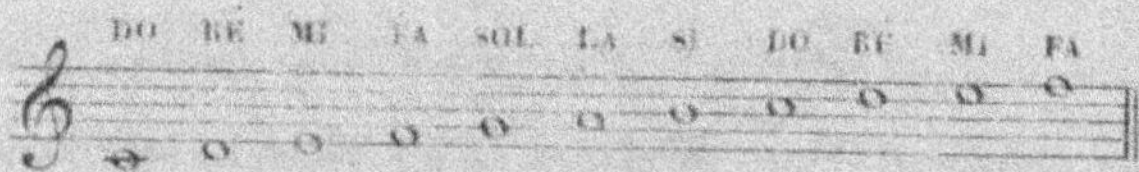

J'explique que le signe tracé en tête de la *portée*, a pour but d'y déterminer la place des sons (Le sol médium posé sur la seconde ligne en montant, pris comme point de départ.)

Lorsque tous les enfants sont parvenus à me chanter les notes de la gamme en les suivant sur la *portée* et que j'ai pu ainsi apprécier leurs petits moyens, je les divise en trois groupes dont le premier doit tenir la partie grave ou *basse*, le deuxième la partie du milieu, et le troisième la partie aigüe.

J'ai soin de réunir dans chaque groupe, les enfants qui se trou_vent avoir assez de justesse et de force dans la voix pour guider et entraîner leurs camarades; ces enfants me servent de *Moni_teurs*.

Le classement fait, je chante le DO grave, que répète la partie basse (tenue généralement par les garçons) puis le MI, que répète la partie du milieu; enfin le SOL, que répète la partie aiguë, et l'on essaie de prolonger ces trois sons de manière à former un ensemble.

Les garçons reprennent ensuite le MI, la partie du milieu le SOL, la partie aiguë le DO, de cette manière:

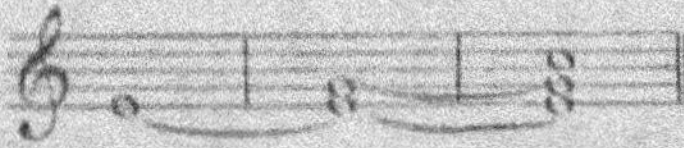

Ensuite les garçons chantent le SOL, la partie du milieu le DO, la partie aiguë le MI, nous écrivons.

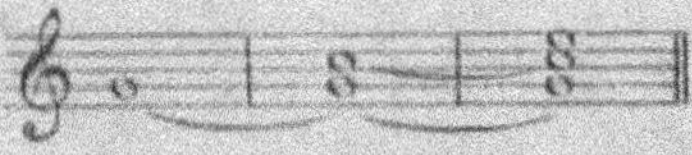

Enfin, pour dernière combinaison de l'accord, je fais prendre aux garçons le DO grave, à la partie du milieu le SOL, à la partie supérieure le MI aigu, et j'écris:

DEUXIÈME LEÇON.

Répétition de la leçon précédente.

ÉTUDE DES INTERVALLES.

Je fais tenir le DO grave aux garçons, et je demande la tierce aux filles. (Les enfants comprennent très bien les intervalles lorsqu'on les leur fait compter sur leurs doigts de la manière suivante: DO, RE, MI, tierce ou troisième; DO, RE, MI, FA, quarte ou quatrième, etc.)

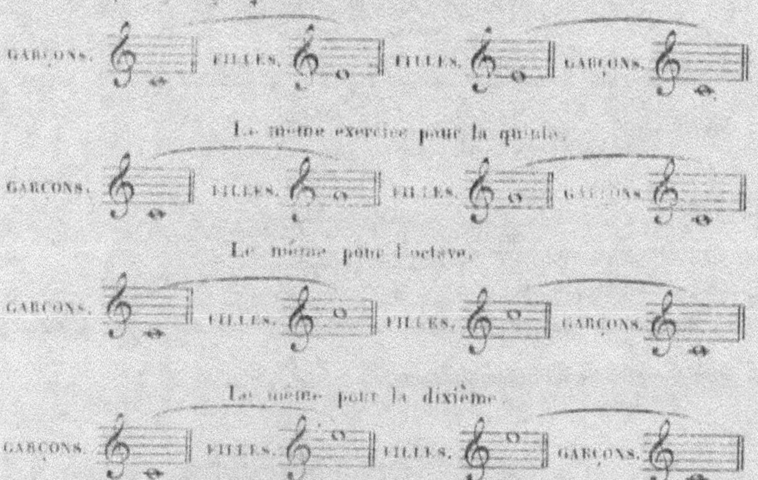

Je divise de la même manière les deux exercices suivants:

J'ai soin de faire remarquer la différence qui existe entre les intervalles majeurs et les mineurs: ceux-ci contenant un demi-ton de moins que les premiers, l'effet qu'ils produisent à l'oreille est tout autre, et cela est assez sensible pour que les élèves apprennent bien vite à les distinguer; je ne cesse du reste de les y exercer en les accoutumant à reconnaître à l'audition des intervalles que je leur fais entendre isolément.

TROISIÈME LEÇON.

Répétition de la leçon précédente
ÉTUDE DE LA MESURE.

Maintenant il s'agit d'apprendre à *mesurer* les sons, c'est à dire à diviser leur *durée* par *temps égaux*.

Je fais battre d'abord la mesure à deux temps.

Puis la mesure à trois temps

Enfin la mesure à quatre temps

J'explique que les notes rondes représentent quatre temps.

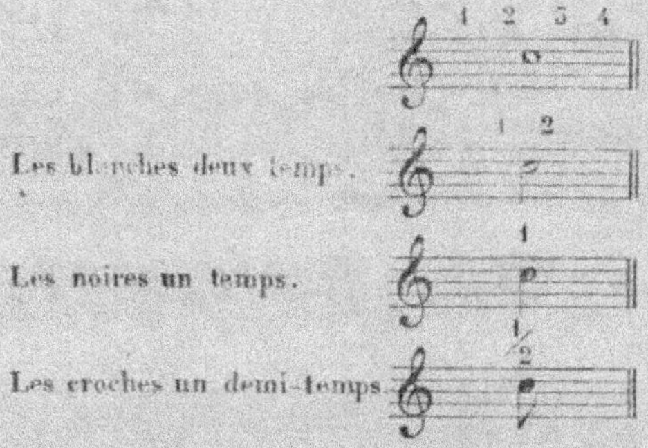

Les blanches deux temps.

Les noires un temps.

Les croches un demi-temps.

Que le *point*, placé après une note, sert à la prolonger de la moitié de sa *durée*, et représente par conséquent une fraction de temps.

Que les silences servent à remplacer les sons, en marquant des repos dans la *durée* ;

Le signe ▬ ou pause, remplaçant la ronde.

Le signe ▬ ou demi-pause, remplaçant la blanche.

Le soupir x remplaçant la noire.

Le demi-soupir x remplaçant la croche.

QUATRIÈME LEÇON.

Répétition des leçons précédentes.

EXERCICES MÉLODIQUES.

La connaissance étant acquise de la notation, des intervalles et de la mesure, je commence à faire chanter de petites phrases mélodiques, composées avec les seules notes de l'accord parfait majeur. Pour préparer les enfants à ce nouvel exercice, je leur fais d'abord *mesurer* l'arpège de l'accord à deux temps ainsi qu'il suit.

Ensuite je chante moi même une des mélodies suivantes pour faire reconnaître les intervalles et les *valeurs*.

J'écris au tableau sous la dictée des enfants en me faisant dire la place que doit occuper chaque note: lorsque c'est fait, l'on chante en battant la mesure, tantôt à pleine voix, et tantôt en *écho*.

J'explique les menus détails de la notation à mesure qu'ils se présentent à l'observation, comme les *valeurs* secondaires, les notes liées ou soutenues, les croches réunies, etc. etc.

CINQUIEME LEÇON.

Répétion des leçons précédentes

MESURE à 4 TEMPS.

Même étude que pour la mesure à deux temps.

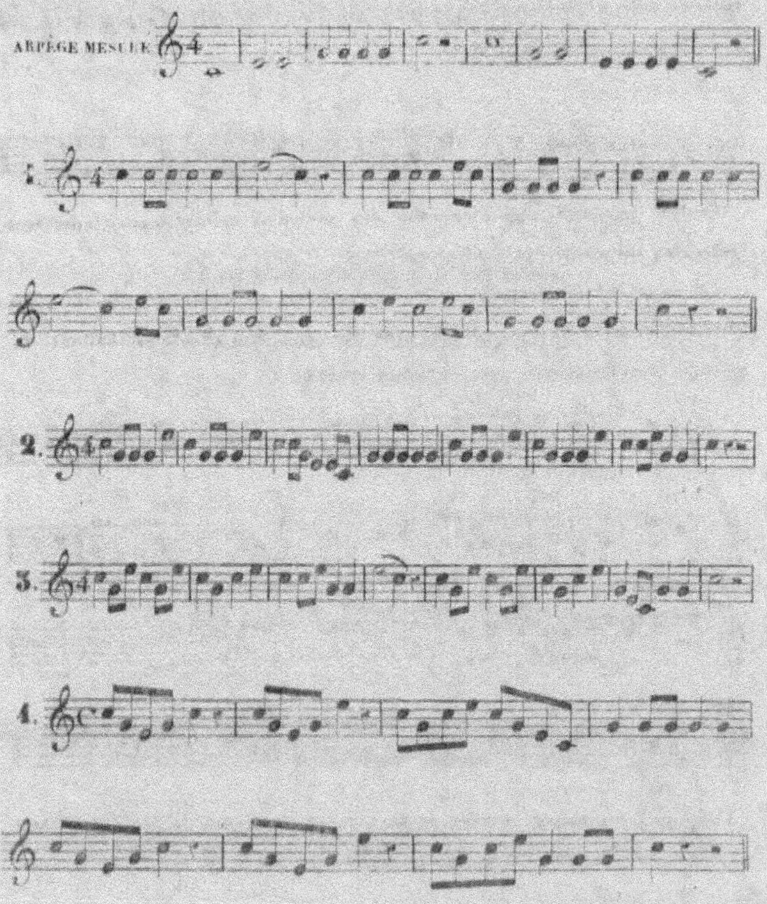

SIXIÈME LEÇON

Répétition des leçons précédentes

MESURE à 5 TEMPS.

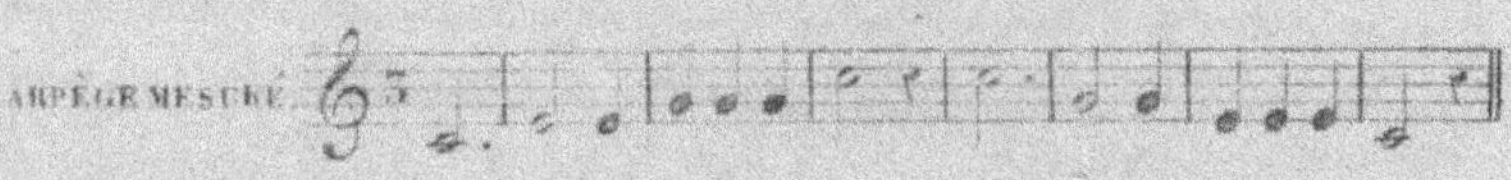

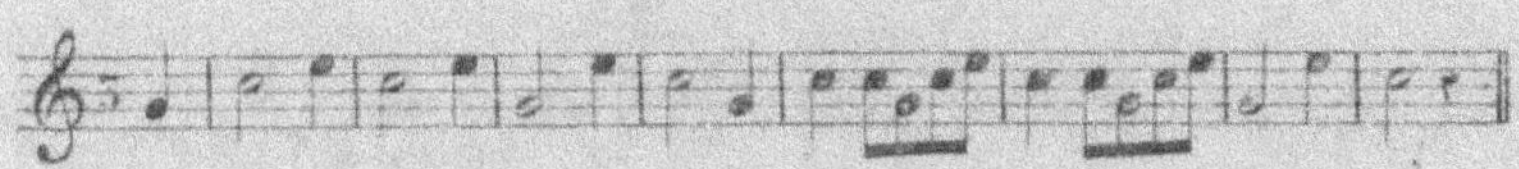

MESURE à 5 TEMPS DOUBLÉE.

ou six croches en deux temps ($\frac{6}{8}$)

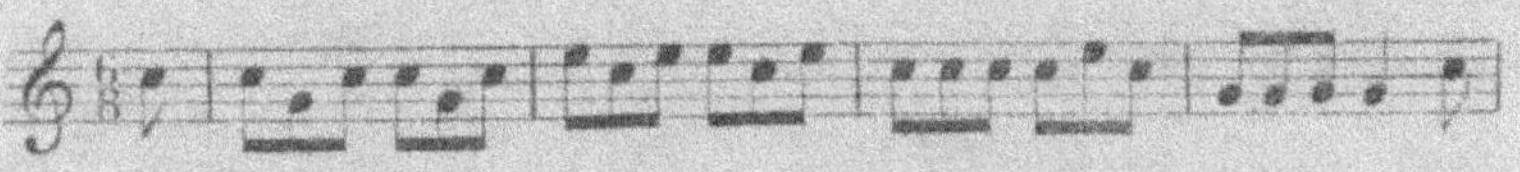

Même étude que pour les mesures à deux et à quatre temps.

SEPTIÈME LEÇON.

ÉTUDE DE L'ACCORD PARFAIT MINEUR.

Pour l'étude de cet accord je suis exactement la même marche que pour celle de l'accord majeur. Ainsi, après avoir fait chanter le premier accord comme il suit : aux garçons la note LA ;

à la partie du milieu le DO ;

à la partie aiguë le MI : ainsi qu'il suit :

Je déplace l'accord de cette façon :

Puis de celle-ci :

Et enfin de celle-ci :

C'est à dire que je fais redescendre l'accord à chaque changement de position, au lieu de le remonter, comme l'accord DO MI SOL, parceqn'il excéderait la portée des voix.

HUITIÈME LEÇON.

Répétition des exercices précédents.

ÉTUDE DES INTERVALLES.

Les garçons donnent le LA, et les filles répondent d'abord par la tierce supérieure:

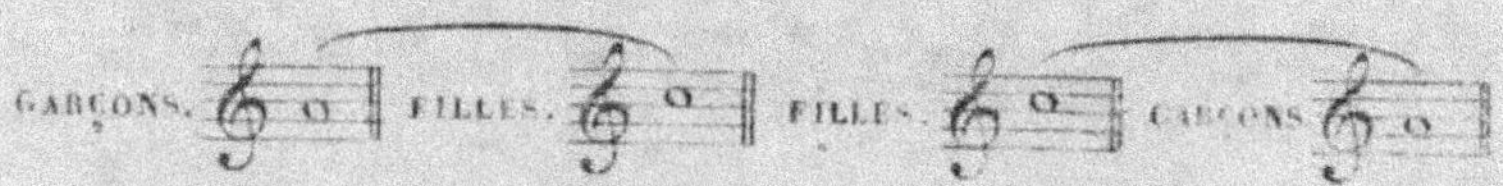

Puis par la quinte supérieure:

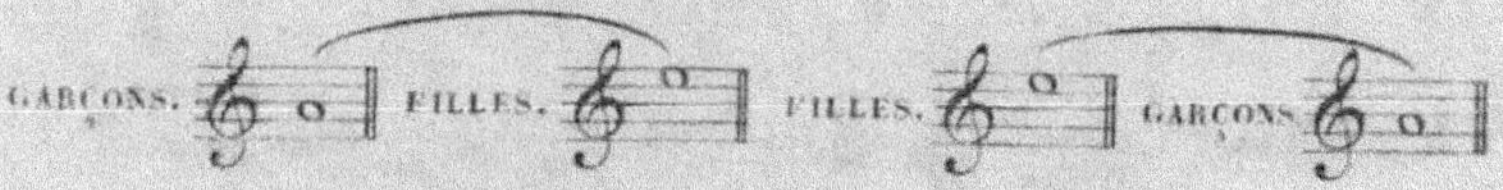

Ensuite je redescends pour les intervalles comme j'ai fait pour les accords.

Les filles donnent la note LA, et les garçons répondent par l'intervalle de quarte inférieure d'abord, puis par celui de sixte inférieure, de la manière suivante:

C. P. 4. 42

NEUVIÈME LEÇON.

Répétition des exercices mineurs précédents.

Transposition des phrases mélodiques du ton majeur dans le ton mineur.

MESURE A 2 TEMPS.

DIXIÈME LEÇON.

Répétition des exercices mineurs.

MESURE A 4 TEMPS.

ONZIÈME LEÇON.

Répétition des exercices mineurs.

MESURE A 3 TEMPS.

MESURE A 3 TEMPS DOUBLÉE,

ou six croches en deux temps $\left(\frac{6}{8}\right)$.

DOUZIÈME LEÇON.

ÉTUDE DE TRANSPOSITION,

du majeur au mineur, et *vice versâ*.

Reprise de tous les exercices précédents, que l'on chante tantôt en mineur et tantôt en majeur, c'est-à-dire en bémolisant le MI dans l'accord DO MI SOL, et en diésant le DO dans l'accord LA DO MI, ainsi qu'il suit:

EXEMPLES

pour la transposition des phrases mélodiques.

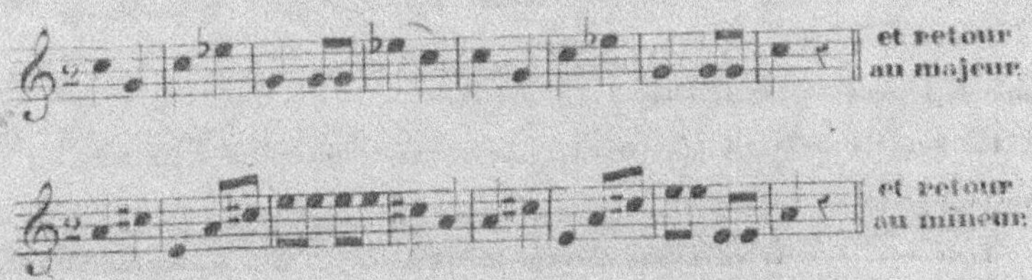

Cet exercice alterné du majeur au mineur et *vice versâ*, sert à en faire mieux saisir la différence, et il a de plus l'avantage d'amuser beaucoup les enfants. Je le fais chanter une fois à pleine voix, ensuite en sourdine, et l'on reprend enfin avec force, mais toujours sans crier, ce qui est on ne peut plus important.

DEUXIÈME PARTIE.

ÉTUDE CHORALE.

Après avoir donné, pour chaque tonalité, le tableau des accords dont elle est formée, j'écris sa gamme et son arpège, qui servent d'exercice vocal préparatoire.

Je donne ensuite l'exercice choral, dont on étudie chaque partie séparément avant de chanter d'*ensemble* et j'habitue tout d'abord les enfants à faire l'analyse des accords écrits au tableau, c'est à dire à les nommer l'un après l'autre suivant l'ordre dans lequel ils se trouvent placés, de cette manière par exemple:

DO MI SOL, accord de tonique. — MI SOL DO, accord de tonique. — FA LA DO, accord de sous-dominante. — SOL DO MI, accord de tonique. — SOL SI RÉ, accord de dominante. — DO tonique.

Cet exercice, qui rentre dans le système général des salles d'asile en accoutumant l'enfant à se rendre un compte exact et raisonné du peu qu'on lui fait faire, ne le fatigue pas plus que celui qui consiste à remettre de mémoire les parties harmoniques sous un chant qui a été déjà étudié précédemment en *parties*.

Ce dernier exercice, que quelques personnes trouvent trop fort, est, du reste, purement facultatif.

Tous les chorals suivants doivent se chanter à 2 temps par blanche, et dans un mouvement grave.

L'expérience a prouvé que l'on passerait difficilement sans transition de la première partie de la méthode, à la troisième qui contient les petits chants à deux parties composant le répertoire musical des enfants; l'étude du choral, dégagée des entraves du rhythme, leur semble facile, les amuse, et rend abordable pour eux en peu de temps toute espèce de chant en *parties*.

Exercices de la Seconde Partie.

1er TABLEAU.

Tonalité de DO majeur.

2me TABLEAU.

Tonalité de LA mineur.

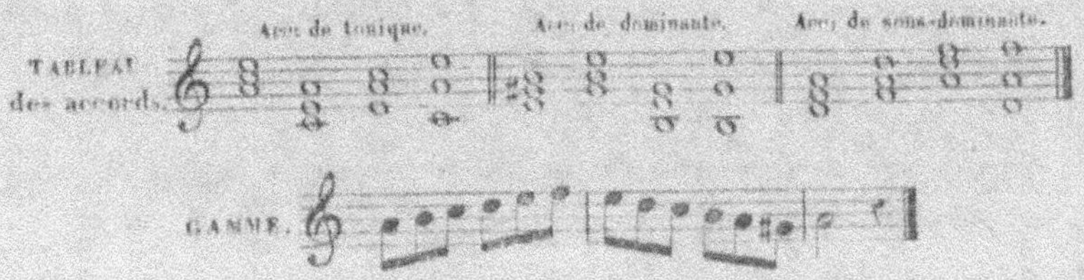

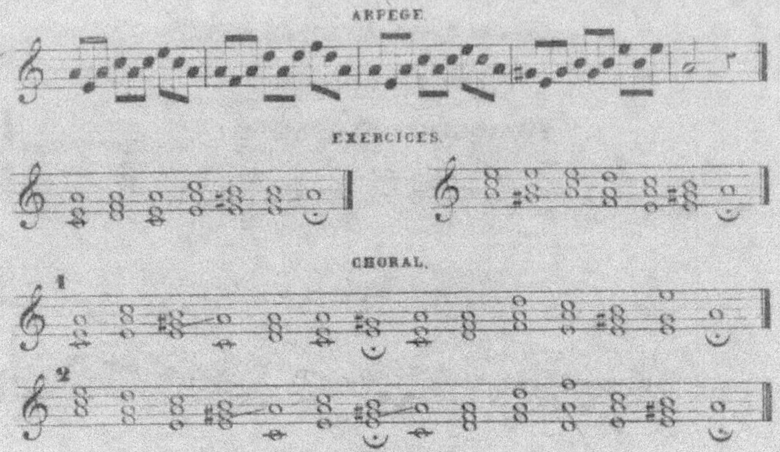

3.me TABLEAU.

Tonalité de SOL majeur (♯)

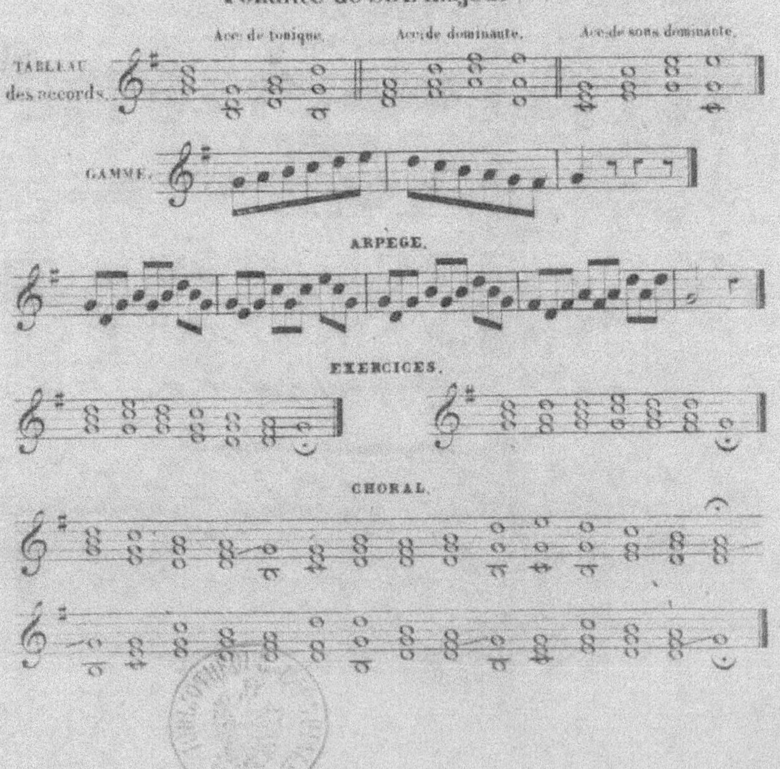

4ᵐᵉ TABLEAU.

Tonalité de MI mineur (#)

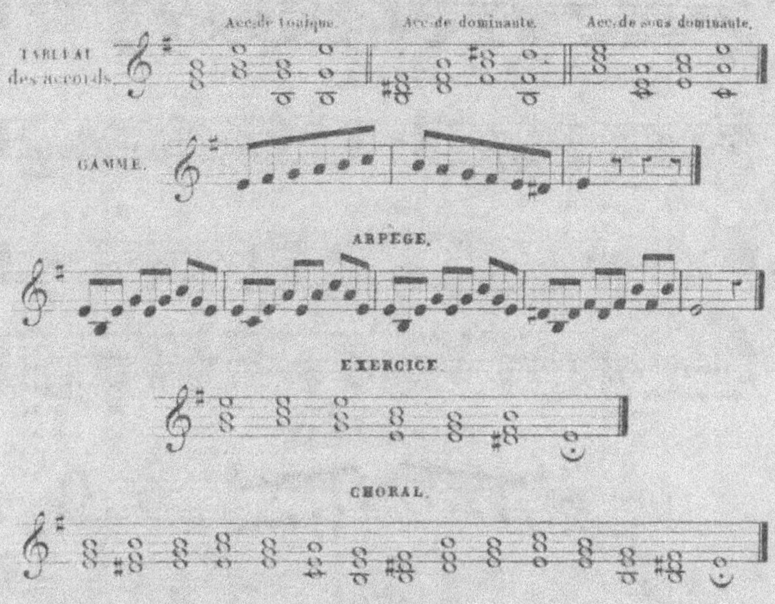

5ᵐᵉ TABLEAU.

Tonalité de FA majeur (♭)

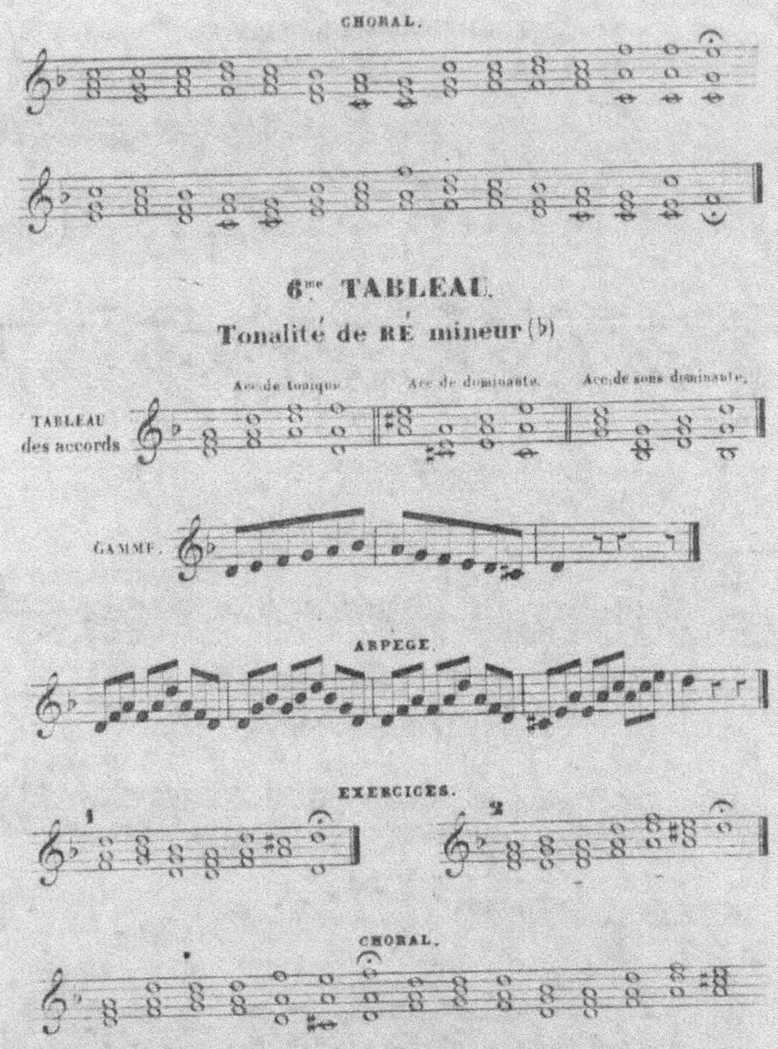

CHORAL.

6.ᵐᵉ TABLEAU.
Tonalité de RÉ mineur (♭)

Acc. de tonique
Acc. de dominante.
Acc. de sous dominante.
TABLEAU des accords

GAMME.

ARPEGE.

EXERCICES.
1
2

CHORAL.

7ᵐᵉ TABLEAU.

Tonalité de RÉ majeur (♯♯)

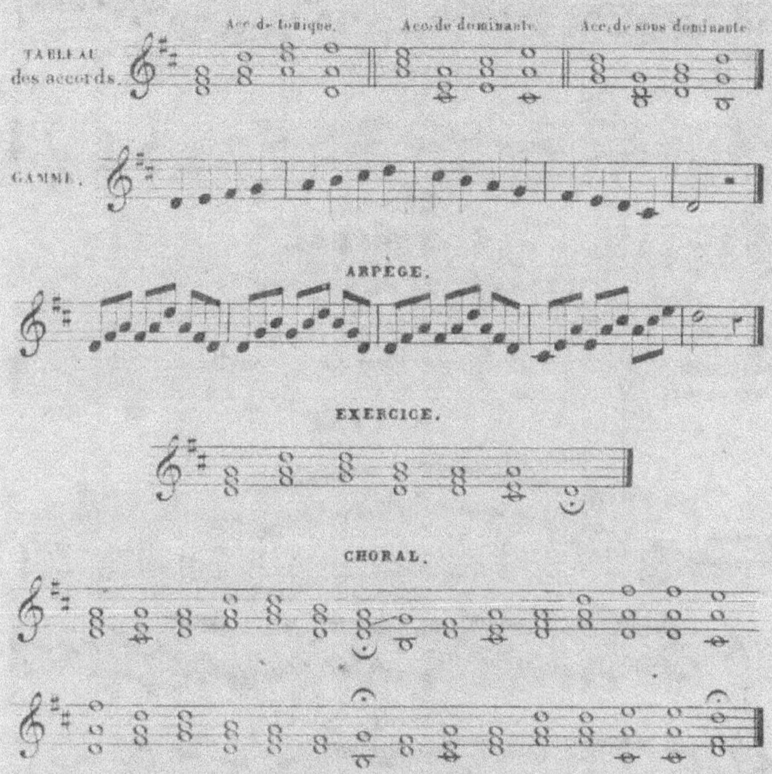

8ᵐᵉ TABLEAU.

Tonalité de SI mineur (♯♯)

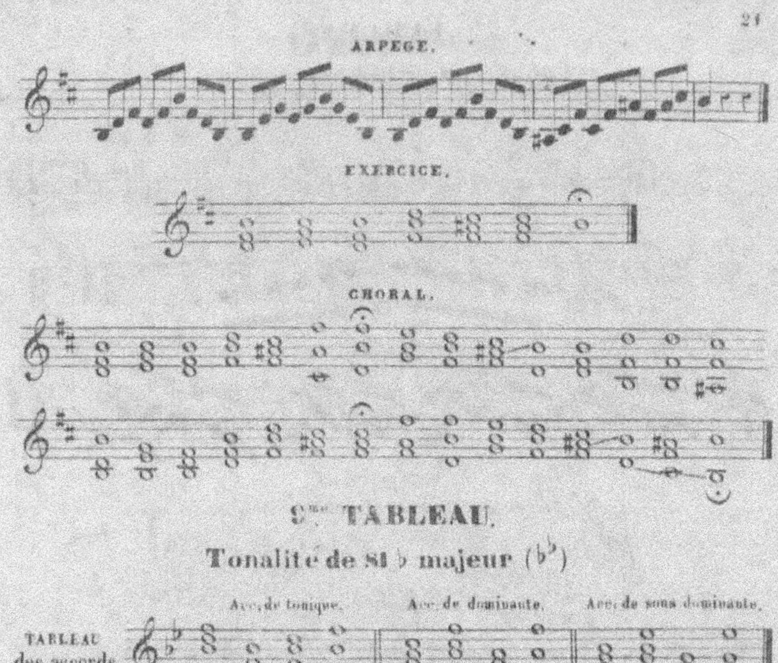

ARPÉGE.
EXERCICE.
CHORAL.
6me TABLEAU.
Tonalité de si ♭ majeur (b♭)
Acc. de tonique.
Acc. de dominante.
Acc. de sous dominante.
TABLEAU des accords.
GAMME.

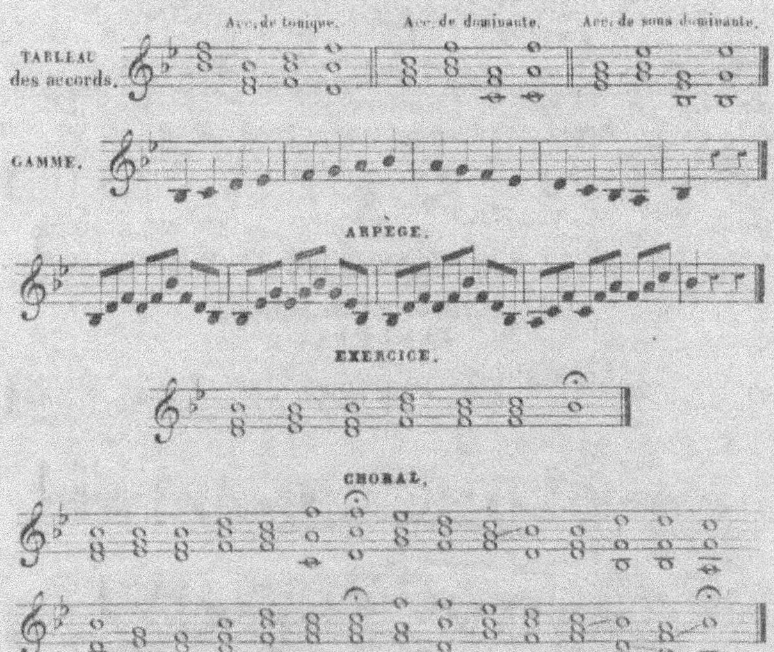

ARPÉGE.
EXERCICE.
CHORAL.

22

10ᵐᵉ TABLEAU.
Tonalité de SOL mineur (♭)

11ᵐᵉ TABLEAU.
Tonalité de LA majeur (♯♯♯)

EXERGICE.

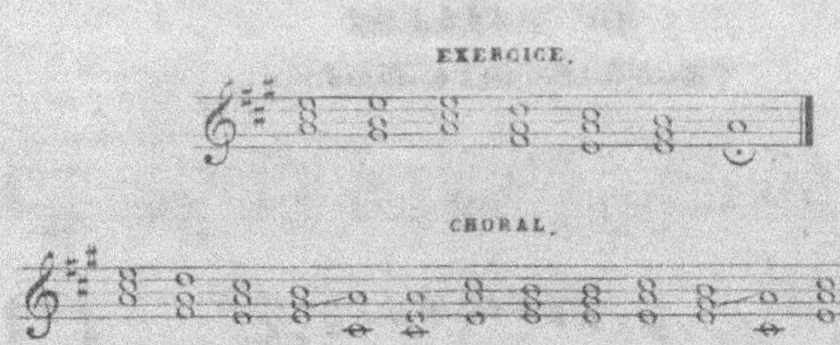

CHORAL.

12ᵐᵉ TABLEAU

Tonalité de FA♯ mineur (♯♯♯)

13ᵐᵉ TABLEAU.

Tonalité de MI♭ majeur (♭♭♭)

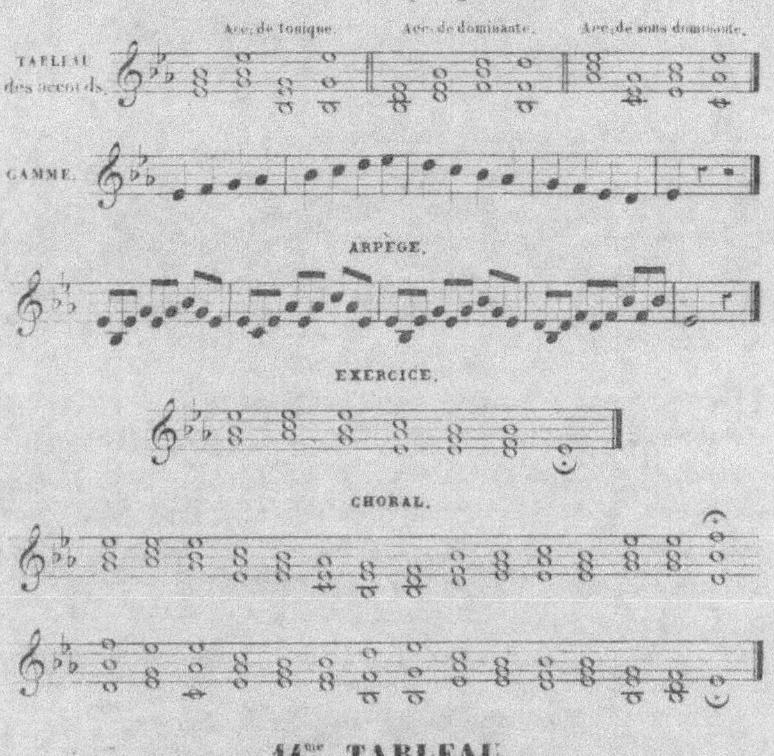

14ᵐᵉ TABLEAU.

Tonalité de DO mineur (♭♭♭)

EXERCICE.

CHORAL.

L'étude des dix autres tonalités n'étant plus qu'un travail de transposition *chromatique*, je me borne à en donner les tableaux, laissant aux di_ rectrices qui le jugeraient convenable, le soin de faire transposer dans ces tonalités nouvelles tous les chorals précédents. Elles seront libres aussi de retrancher de l'étude ceux de ces chorals dont la partie basse leur semblerait trop grave pour leurs élèves, et qu'il m'a été impossible d'écrire différemment.

Tonalité de MI majeur.

(Voir les chorals en *Mi bémol*.)

Tonalité de DO ♯ mineur. 

(Voir les chorals en *Do* mineur.)

Tonalité de LA bémol.

(Voir les chorals en *La* majeur.)

Tonalité de FA mineur.

(Voir les chorals en *Fa* mineur.)

Tonalité de SI majeur

(Voir les chorals en *Si* bémol.)

Tonalité de SOL♯ mineur

(Voir les chorals en *Sol* mineur.)

Tonalité de FA♯ mineur

(Voir les chorals en *Fa* majeur.)

Tonalité de RÉ♯ mineur 

(Voir les chorals en *Ré* mineur.)

Tonalité de DO♯ majeur

(Voir les chorals en *Ré* mineur.)

Tonalité de LA♯ mineur

(Voir les chorals en *Do* mineur.)

TROISIÈME PARTIE.

RECUEIL DES CHANTS
en usage dans les salles d'asile,
HARMONISÉS A DEUX VOIX.

(*) J'ai placé ces petits airs par ordre de difficulté progressive, sans avoir égard à leur ordre d'emploi; le premier se chante sans paroles, et l'on devra solfier les autres avec soin avant d'essayer d'y mettre les couplets.

N.º 3.
L'ALPHABET 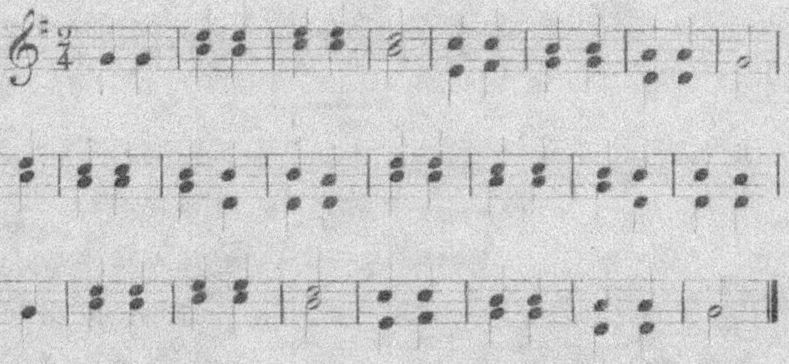
N.º 4.
Nous nous mettons
en marche.
FIN. 
N.º 5.
Quand un enfant
est bien sage
à l'école.
FIN. 
N.º 6.
PLAN, PLAN.
FIN.

N° 7
MA MÈRE.
N° 8
L'École
est terminée.
N° 9
VIERGE MARIE

N.º 10.
La toilette
des oiseaux.

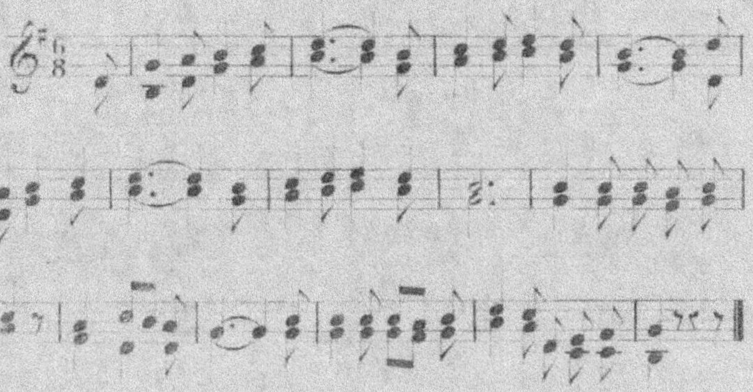

N.º 11.
AMI FIDÈLE.

N.º 12.
Que l'on
est heureux.

N.° 13.
Tâchons amis
de pratiquer.
N.° 14.
Quel plaisir de finir
une bonne journée.
N.° 15.
Du travail
l'heure est sonnée.

34
Nº 16.
Chantons les
bontés du Seigneur.
Nº 17.
A l'enfant
qui te prie.
C. P. 1422.

N.º 18.
Midi va sonner.
FIN.
N.º 19.
Marchons à table
on vous attend.
N.º 20.
Il faut avoir un peu
de complaisance.

N.º 21.
Heureux
l'enfant docile.

N.º 22.
Quand j'étais tout petit
dans les bras de ma mère.

N.º 23.
Mes amis
marchons.

FIN

N.24.
Enfants
à l'ouvrage
FIN.
p
N.25.
Comme de
parfaits soldats.
f Tous ensemble à l'unisson.
pp
crescr
FIN.
Les filles seules.
p
Tous ensemble.

LE BOULIER OU LA NUMÉRATION.

LA MULTIPLICATION.[*]

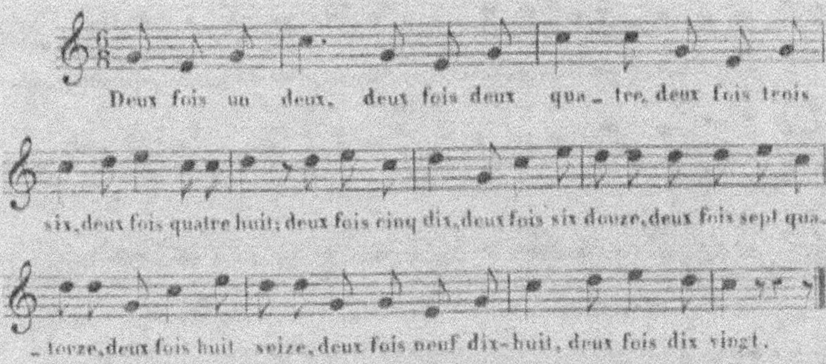

(*) Chaque colonne de chiffres se chante sur le même air, en ayant soin de doubler les crochets selon l'exigence des syllabes.